REPRENDS LE CONTRÔLE

7 HABITUDES SIMPLES POUR AMÉLIORER TA SITUATION FINANCIÈRE

Mentions légales

Ce guide est une publication originale de KoV Capital.

ISBN : 979-10-977535-1-1

Dépôt légal : Août 2025

Autoédition – Imprimé par Amazon KDP – Distribution mondiale

Note sur cette édition

Cette édition a été spécialement adaptée pour le format et les spécifications d'impression Amazon KDP.

En conséquence, la mise en page, le nombre de pages et certains éléments visuels peuvent différer d'autres éditions publiées par l'auteur ou l'éditeur, sans que cela n'altère le contenu de l'ouvrage.

Contact : contact.kovcapital@gmail.com

REPRENDS LE CONTRÔLE

7 HABITUDES SIMPLES POUR AMÉLIORER TA SITUATION FINANCIÈRE

“Ce que tu ne maîtrises pas, tu le subis. Ce guide t’aide à reprendre la main.”

Jean-Christophe BOULANGÉ
Fondateur de KoV Capital

Guide pratique

Édition 2025

Note importante & Remerciements

Ce guide a été rédigé dans un but de sensibilisation et d'accompagnement. Il ne constitue pas un conseil personnalisé en matière de gestion patrimoniale, financière, fiscale ou juridique.

Les décisions financières doivent toujours tenir compte de ta situation personnelle, de tes objectifs et de ton horizon de temps. En cas de doute, consulte un professionnel habilité.

Merci à toutes les personnes qui, de près ou de loin, m'ont inspiré à structurer ce contenu.

Merci aux lecteurs qui choisiront d'appliquer, de partager, ou simplement de réfléchir autrement après avoir parcouru ces pages.

Table des matières

Introduction

Aujourd'hui, on trouve des milliers de livres, vidéos, articles et comptes sur l'éducation financière. Et avec l'intelligence artificielle, tu pourrais presque tout apprendre en quelques clics. Mais soyons honnêtes : ce n'est pas l'information qui manque, c'est l'action.

Ce guide ne prétend pas réinventer la roue. Il ne va pas t'expliquer des choses complexes ni t'enfermer dans des théories que tu ne vas jamais appliquer. Il a un seul objectif : te faire gagner du temps en te donnant un concentré concret de bonnes habitudes à adopter, tout de suite, pour mieux gérer ton argent et construire un avenir plus stable.

Je ne suis pas un gourou de la finance. Je suis un passionné, un apprenant permanent, et j'ai compris une chose essentielle : *ce sont les petites habitudes appliquées avec régularité qui changent la donne.*

D'ailleurs, tu verras peut-être d'autres guides de ce type. C'est volontaire. J'ai choisi de me positionner comme un *vulgarisateur engagé* : j'explore des sujets qui offrent des opportunités concrètes, je simplifie l'essentiel, et je le partage pour t'aider à passer à l'action sans te prendre la tête.

Ce guide s'adresse à toi si :

- Tu veux reprendre le contrôle de ta situation financière sans te prendre la tête.
- Tu es prêt(e) à faire quelques efforts réguliers.
- Tu veux commencer maintenant, avec ce que tu as.

Pas de promesses miracles ici. Juste des bases solides, des actions simples, et un plan clair pour avancer.

C'est parti.

Partie 1 – Poser les bases solides

Chapitre 1 – Faire la paix avec l'argent

Avant de parler de budget, d'épargne ou d'investissement, il faut parler de notre rapport à l'argent. Car oui, tu peux avoir les meilleurs outils du monde, si tu traînes une mauvaise relation avec l'argent, tu sabotes tout inconsciemment.

Ce que tu crois sur l'argent influence ce que tu fais avec.

Peut-être qu'on t'a déjà dit :

- "L'argent ne fait pas le bonheur."
- "Les riches sont égoïstes."
- "Ne parle pas d'argent, ça ne se fait pas."

Tu vois le problème ? Si tu penses que l'argent est quelque chose de sale ou de dangereux, tu vas le repousser sans t'en rendre compte. Tu vas le dépenser trop vite, mal le gérer ou ne pas t'y intéresser. Bref, tu seras toujours en train de courir après, sans jamais le garder.

L'argent n'est ni bon ni mauvais. C'est un outil.

L'argent, c'est comme un marteau. Tu peux construire une maison ou casser une vitre. Ce n'est pas le marteau qui est bon ou mauvais, c'est l'usage que tu en fais.

Ton objectif, ce n'est pas d'adorer l'argent, mais d'apprendre à t'en servir intelligemment.

Changer de regard = premier pas vers l'autonomie

Pose-toi cette question maintenant :

"Si je considérais l'argent comme un allié, comment est-ce que je le traiterais ?"

Ce simple changement de regard peut avoir un impact énorme sur tes décisions quotidiennes.

À RETENIR :

- L'argent n'est ni sale, ni honteux.
- Il est neutre : c'est à toi de lui donner une mission.
- Apprends à l'utiliser comme un levier, pas comme un maître.

Action immédiate

Prends 5 minutes pour écrire sur ton téléphone ou dans un carnet :

1. Ce que tu crois aujourd'hui sur l'argent.
2. Ce que tu voudrais croire à partir de maintenant.

Commence ici. Tout le reste du guide se construit là-dessus.

Chapitre 2 – Connaître ses flux : revenus et dépenses

C'est l'étape que tout le monde saute… et pourtant c'est la base. Tu veux reprendre le contrôle de ton argent ? Alors tu dois savoir où il entre et surtout où il sort.

Beaucoup pensent qu'ils n'ont "pas assez d'argent" alors qu'en réalité, ils ne savent pas vraiment comment ils utilisent celui qu'ils ont déjà.

Ce que tu dois connaître :

1. Tes revenus : ce qui entre chaque mois (salaire, aides, primes, ventes, remboursements).
2. Tes charges fixes : ce qui tombe tous les mois (loyer, abonnements, crédits…).
3. Tes dépenses variables : alimentation, transports, achats, loisirs, imprévus.

L'objectif, ce n'est pas de traquer chaque centime. C'est de reprendre conscience de tes flux.

Comment faire simplement ?

Option 1 – Le tableau papier ou carnet

- 3 colonnes : Entrées / Sorties fixes / Sorties variables
- À faire 1 fois par mois, à la main

Option 2 – Le tableau Excel simple

- Un tableau simple à créer soi-même, avec des formules basiques pour suivre ses flux et visualiser son évolution mois après mois. Idéal pour voir l'évolution d'un mois à l'autre

Option 3 – Une appli

- Une application de gestion budgétaire simple, ou celle proposée par ta banque
- Mais attention : automatiser ne veut pas dire ignorer. Reste acteur.

À RETENIR :

- Pas de maîtrise sans connaissance
- Ce n'est pas un budget, c'est un diagnostic
- Tu n'as pas besoin d'être parfait, tu dois juste savoir où tu en es

Action immédiate

Cette semaine, prends 30 minutes pour :

1. Lister tous tes revenus sur les 30 derniers jours
2. Noter tes dépenses principales (fixes et variables)
3. Calculer ta marge réelle à la fin du mois

Chapitre 3 – Créer une marge d'épargne

Tu veux commencer à épargner, mais tu te dis : "je n'ai pas assez d'argent pour ça."

En réalité, ce n'est pas une question de montant, c'est une question d'habitude.

L'épargne, ce n'est pas ce qu'il reste… c'est ce que tu décides

Si tu attends la fin du mois pour voir ce qu'il te reste, tu n'épargneras jamais.

Tu dois faire l'inverse : épargner en premier, vivre avec le reste. Même si ce n'est que 10€ ou 20€. Ce n'est pas le montant qui compte, c'est le réflexe.

Deux types d'épargne à connaître :

1. L'épargne de sécurité
    - But : se protéger des imprévus (panne, urgence, mois difficile…)
    - Montant visé : 1 à 3 mois de dépenses
    - Outil : livret A ou compte épargne simple
2. L'épargne de projet
    - But : financer un voyage, une voiture, un équipement, un projet pro
    - Outil : autre livret ou compte séparé

Sépare bien les deux. Ne touche pas à ton matelas de sécurité pour "faire plaisir".

La logique est simple :

Pas d'épargne = pas de liberté.

Un imprévu te tombe dessus → tu n'as pas de marge → tu t'endettes → tu t'enchaînes.

Avec une épargne : tu résistes, tu choisis, tu dors mieux.

Et à ceux qui te diront que "l'épargne ne sert à rien, il faut tout investir", réponds ceci :

L'investissement, c'est une stratégie. L'épargne, c'est un parachute.

Tu ne sautes pas d'un avion sans parachute, aussi belle soit ta destination.

Méthode simple à mettre en place :

1. Ouvre un compte à part

2. Programme un virement automatique dès réception de ton revenu (même 10€/mois)
3. Oublie cet argent pendant 6 mois

C'est tout. Le but est de créer une habitude et une distance émotionnelle avec l'argent mis de côté.

À RETENIR :

- Commence petit mais commence maintenant
- L'épargne est un réflexe, pas un luxe
- Ce qui compte, c'est la régularité, pas la perfection

Action immédiate

- Ouvre un compte ou livret dédié cette semaine
- Programme un virement automatique du montant que tu peux tenir pendant 3 mois
- Note-le dans ton tableau de suivi

Chapitre 4 – Construire un mini-budget efficace

Faire un budget, ce n'est pas se priver. C'est donner une mission à ton argent avant qu'il ne se disperse.

Tu ne vas pas faire un tableau à 15 onglets. Tu vas créer un système simple, rapide, et surtout tenable dans la durée.

Le but d'un budget, ce n'est pas de tout prévoir

C'est de :

- Visualiser l'essentiel,
- Te donner des limites saines,
- Et libérer de l'espace pour tes projets.

Ta méthode : le budget en 5 minutes par semaine

1. Fixe un montant à ne pas dépasser pour tes grandes catégories (courses, loisirs, transport…)
2. Note ce que tu dépenses au fur et à mesure, même à la main ou sur ton téléphone
3. Fais le point 1 fois par semaine : "J'en suis où ?"

Même une vérification rapide te suffit à ne pas te laisser aller.

Méthode bonus : les enveloppes (ou comptes à objectifs)

Le principe est simple : tu crées une enveloppe (virtuelle ou réelle) pour chaque poste de dépense.

- Courses : 200€
- Loisirs : 100€
- Dépenses imprévues : 50€

Quand une enveloppe est vide, tu arrêtes. Tu ne dépenses pas dans une catégorie avec l'argent d'une autre.

C'est une méthode ultra visuelle qui t'aide à maîtriser tes impulsions.

Ce que tu gagnes :

- Moins de stress : tu sais ce que tu peux te permettre
- Plus de liberté : tu dépenses sans culpabiliser quand c'est prévu
- Une marge d'action : tu retrouves la main

À RETENIR :

- Un budget, c'est un plan de jeu, pas une punition
- En 5 minutes par semaine, tu peux transformer ta relation à l'argent
- L'objectif : simplicité + régularité = résultats

Action immédiate

1. Crée ta liste de catégories principales
2. Fixe un plafond pour chaque catégorie pour le mois à venir
3. Note tes dépenses chaque semaine (manuellement, appli ou fichier)

Partie 2 – Les 7 habitudes financières puissantes

Habitude 1 – Se payer en premier

Cette habitude reprend un principe essentiel évoqué dans la première partie du guide : épargner dès le début du mois, et non avec ce qu'il reste.

Ici, tu passes à l'action. Tu ne réfléchis plus à "pourquoi", mais à "comment".

C'est l'habitude la plus puissante et pourtant la moins pratiquée.

Elle repose sur un principe simple :

Avant de payer qui que ce soit d'autre, commence par te payer toi-même.

Pourquoi c'est si important ?

Quand ton salaire tombe, tout le monde se sert : loyer, facture, abonnements, supermarché, impôts…

Et toi ? Tu passes en dernier. Résultat : il ne reste souvent rien.

Se payer en premier, c'est dire :

"Ma liberté financière est une priorité. Je commence par moi."

Comment faire concrètement ?

1. Décide d'un montant fixe ou d'un pourcentage à mettre de côté dès que tu reçois ton revenu.
    - Ex : 10% de ton salaire, ou 50€ dès le 1er du mois
2. Automatise le virement vers un compte séparé (épargne ou projet)
3. Oublie cet argent. Il est à toi, mais pour ton futur.

❢ Même 20€ par mois changent ta posture : tu redeviens acteur, pas simple exécutant.

Ce que ça change dans ta vie :

- Tu développes une discipline financière durable
- Tu construis une marge de manœuvre pour demain
- Tu envoies un signal fort à ton cerveau : "je m'occupe de moi en premier"

À RETENIR :

- Tu travailles dur. Tu mérites de réserver une part pour ton futur.
- L'épargne en fin de mois, ça ne marche pas. Le reste du monde se sera déjà servi.
- Cette habitude crée un effet boule de neige : plus tu le fais, plus tu progresses.

Action immédiate

- Choisis un *montant réaliste mais symbolique* à mettre de côté chaque mois
- Programme un *virement automatique dès aujourd'hui*
- Célèbre ta première "paie à toi-même"

Habitude 2 – Visualiser régulièrement sa situation

Dans la première partie du guide, tu as appris à construire un budget simple et adapté à ta réalité.

Mais un budget seul ne suffit pas. Sans suivi, il devient vite théorique.

Cette habitude consiste à reprendre le contrôle en regardant régulièrement où tu en es. Quelques minutes par semaine peuvent suffire à éviter les dérives et à mieux décider.

Visualiser tes finances, ce n'est pas un truc de comptable, c'est un outil de pilotage pour ta vie.

Pourquoi c'est essentiel ?

Beaucoup de gens dépensent à l'aveugle. Ils se rendent compte trop tard qu'ils ont dépassé leur budget, ou qu'ils sont "à découvert sans savoir pourquoi".

Regarder sa situation régulièrement, c'est comme regarder la route quand tu conduis.

Tu n'attends pas d'avoir un mur devant toi pour corriger ta trajectoire.

Comment faire simplement ?

Pas besoin d'appli compliquée : il te faut juste un outil et un moment dédié.

Outil :

- Un tableau Excel ou Google Sheet
- Ou un carnet avec les grandes lignes

Fréquence :

- 1 fois par semaine (5 min) pour voir où tu en es
- 1 fois par mois pour faire ton petit bilan perso

❢ C'est là que tu vois si tu progresses, si tu dépenses mieux, si tu peux augmenter ton épargne ou corriger un excès.

Tu peux créer un score simple :

- Épargne du mois : ✅ ou ❌
- Dépenses sous contrôle : ✅ ou ❌
- Marge restante : ◔ ◑ ◕ ●
- État d'esprit général : ☺😐☹□

Un simple visuel t'aide à reprendre conscience et rester aligné avec tes objectifs.

À RETENIR :

- Ce que tu mesures, tu maîtrises
- Ce que tu ignores, tu subis
- 5 minutes par semaine peuvent t'éviter des mois de galère

Action immédiate

1. Choisis ton outil de suivi (tableau, appli, papier…)
2. Note dès aujourd'hui :
- Ton solde actuel
- Ce que tu as mis de côté
- Les 2-3 grosses dépenses du mois
3. Bloque 1 créneau par semaine dans ton agenda pour "ta réunion financière perso"

Habitude 3 – Distinguer besoin et envie

C'est peut-être l'habitude la plus difficile à intégrer… mais aussi l'une des plus puissantes.

Savoir faire la différence entre ce dont tu as besoin, et ce que tu veux sur le moment.

Pourquoi c'est si important ?

Dans un monde où tout est fait pour te pousser à consommer, tu dois apprendre à résister intelligemment.

Pas en te privant, mais en décidant en conscience.

- Une envie, c'est un achat impulsif, une réaction émotionnelle, une gratification immédiate.
- Un besoin, c'est ce qui te soutient, t'apporte une vraie utilité ou une valeur durable.

Exemples :

- Besoin : manger sainement → faire les courses
- Envie : commander à 30€ parce que tu as la flemme

Ce que ça change :

Quand tu apprends à dire non à une envie… tu dis oui à un projet plus important : ton épargne, ton voyage, ta liberté.

Tu arrêtes de te "récompenser" à court terme et tu te donnes les moyens de vrais plaisirs à long terme.

Astuce pratique : la règle des 72h

Tu veux acheter quelque chose ?

→ Mets-le dans ton panier… et attends 72 heures.

- Si c'est toujours aussi important, tu l'achètes en conscience.
- Si c'était une pulsion, tu l'oublieras (et tu viens d'économiser 20€, 50€, ou 100€).

💡 Tu verras que dans 8 cas sur 10, tu ne regretteras pas d'avoir attendu.

À RETENIR :

- Les envies, c'est normal. Le tout, c'est de ne pas leur obéir tout de suite.
- Plus tu gagnes en clarté, plus tu fais des choix utiles.
- Ce n'est pas être "radin", c'est être stratégique.

Action immédiate

1. Durant la semaine, note *chaque achat non essentiel* (boisson, livraison, fringue, gadget…)
2. Pose-toi la question à chaque fois : *besoin ou envie ?*
3. Choisis au moins *2 achats que tu vas différer* volontairement

Habitude 4 – Limiter les abonnements invisibles

Tu sais ce qui ruine les budgets sans qu'on s'en rende compte ?

Les petits abonnements mensuels qu'on oublie, mais qui s'accumulent.

Plateformes, applis, options téléphoniques, assurances cachées, comptes inactifs…

5€ ici, 10€ là, 7,99€ ailleurs : et tu laisses filer parfois plus de 500€ par an.

Pourquoi c'est un problème ?

Parce que ces dépenses sont :

- Automatiques → tu ne les "vois" plus passer
- Dispersées → difficiles à suivre sans vigilance
- Non réévaluées → tu continues à payer pour des choses que tu n'utilises plus

Et surtout : tu ne les remets jamais en question, car elles sont petites.

Mais petites x 10 = gros impact sur l'année.

Comment faire concrètement ?

1. Fais le tour de tes comptes bancaires sur 3 mois
2. Liste tous les prélèvements récurrents
3. Pour chaque abonnement, demande-toi :
   - Est-ce que je l'utilise vraiment ?
   - Est-ce qu'il m'est utile ou juste confortable ?
   - Est-ce que je peux le suspendre, le partager, le remplacer, ou l'arrêter ?

💡 Bonus : appelle ton opérateur, ta banque ou tes assurances pour revoir les options.

Un coup de fil peut te faire gagner 10 à 30€/mois.

Tu peux utiliser la méthode : "1 abonnement en moins par mois"

Chaque mois, identifie et supprime un abonnement superflu.

Tu ne ressens presque pas le manque, mais tu ressens directement l'impact sur ton compte.

À RETENIR :

- Ce que tu ne vois pas peut te coûter cher
- Ce que tu simplifies, tu reprends en main
- Supprimer = libérer de l'espace financier et mental

Action immédiate

1. Liste tous tes abonnements actifs
2. Classe-les en : Indispensable / Utile / Superflu
3. Résilie ou suspends au moins un abonnement cette semaine

Habitude 5 – Fixer un objectif financier par trimestre

La plupart des gens avancent "à vue" avec leur argent. Résultat :

- Ils réagissent, mais ne construisent rien.
- Ils encaissent, dépensent, recommencent… sans cap.

Toi, tu vas changer ça.

Pourquoi se fixer un objectif ?

Parce que l'argent sans but se dilue.

Un objectif clair donne un sens à tes efforts. Tu sors du flou. Tu deviens stratégique.

Et surtout : tu avances par petits pas mesurables. Pas besoin d'avoir un plan à 10 ans pour commencer à mieux gérer ton argent dès ce trimestre.

Exemples d'objectifs simples (et puissants) :

- Épargner 300€ pour constituer ton matelas de sécurité
- Mettre fin à ton découvert bancaire chaque mois
- Gagner 100€ de plus en vendant ce que tu n'utilises plus
- Lire un livre d'éducation financière et appliquer une idée
- Ouvrir ton premier compte pour investir (même sans l'utiliser tout de suite)
- Mettre en place une épargne automatique de 50€/mois

💡 Le bon objectif est concret, atteignable et visible.

Pourquoi par trimestre ?

3 mois, c'est :

- Suffisamment long pour progresser
- Suffisamment court pour ne pas se démotiver
- Idéal pour faire des ajustements réguliers

Ton plan en 3 étapes :

1. Choisis un objectif unique pour les 3 prochains mois
2. Découpe-le en mini étapes (par mois ou par semaine)
3. Affiche-le quelque part. C'est ton cap personnel.

Exemple concret :

Objectif : épargner 300€ d'ici 3 mois

- Étape 1 : virement automatique de 100€/mois
- Étape 2 : vendre 2 objets inutilisés (100€ de plus)
- Étape 3 : éviter 1 ou 2 achats plaisir et réaffecter 50€

Résultat : objectif atteint + confiance renforcée

À RETENIR :

- Un objectif = une direction
- Tu ne peux pas tout faire… mais tu peux choisir ce qui compte maintenant
- Tu avances plus loin en avançant plus clair

Action immédiate

1. Choisis ton objectif du trimestre
2. Écris-le maintenant (papier, note, tableau de bord…)
3. Partage-le à une personne de confiance ou garde-le affiché

Habitude 6 – Transformer les revenus variables en revenus utiles

Tu reçois une prime, un remboursement, un cadeau, une vente, un "petit extra" ?

Tu te dis peut-être : "C'est du bonus, je peux me faire plaisir."

Et c'est là que la plupart des gens laissent filer une occasion de progresser financièrement.

Pourquoi c'est une opportunité unique ?

Parce que ce revenu n'était pas prévu dans ton budget habituel.

Donc il ne te manque pas.

Et justement : c'est l'argent le plus facile à utiliser intelligemment.

Tu peux :

- Épargner sans effort
- Avancer sur un projet
- Te désendetter
- Investir ou te former

Méthode : la règle des "50/30/20 bonus"

- Quand tu touches un revenu non prévu :
- 50 % pour un objectif long terme (épargne, remboursement)
- 30 % pour un projet utile à moyen terme
- 20 % pour un plaisir assumé

💡 Cette règle te permet de garder le contrôle sans te frustrer.

Exemples concrets :

- Prime exceptionnelle : tu peux en sécuriser une partie + investir une autre
- Revente d'objets : transforme-les en contribution à ton objectif trimestriel
- Remboursement CAF, impôts, etc. : si ce n'est pas vital tout de suite, réoriente-le

Ce que ça change :

- Tu cesses de "consommer par réflexe"
- Tu avances plus vite vers tes objectifs
- Tu crées une logique de construction, pas de fuite

À RETENIR :

- Un revenu imprévu, c'est une opportunité déguisée
- Si tu l'utilises bien, il accélère ta progression
- Si tu le dépenses aussitôt, il disparaît… comme d'habitude

Action immédiate

1. Repense à ton dernier "revenu bonus" : qu'en as-tu fait ?
2. Note dans ton carnet ou ton tableau de suivi tous tes extras à venir
3. Prends l'habitude de leur donner une destination dès qu'ils arrivent

Habitude 7 – S'éduquer un peu chaque mois

Si tu veux changer ta vie financière, tu dois changer ta manière de penser l'argent.

Et pour ça, il n'y a pas de secret : tu dois t'éduquer.

Mais attention, pas besoin de devenir expert.

Ce qu'il te faut, c'est t'éduquer un peu, régulièrement, avec une logique simple :

1 idée utile = 1 action concrète = 1 progrès durable

Pourquoi c'est indispensable ?

Parce que si tu ne construis pas ta propre vision financière :

- Tu suivras celle des autres
- Tu tomberas dans les pièges du marketing
- Tu répéteras les erreurs de tes parents, de ton entourage ou de ton passé

En t'éduquant, tu reprends le pouvoir.

Comment faire simplement ?

Voici un plan réaliste pour t'éduquer sans te prendre la tête :

- 1 contenu par semaine, choisi avec soin :
    - Un podcast de 20 min
    - Une vidéo YouTube pédagogique
    - Une newsletter fiable
    - Un article ou une fiche pratique
    - Une page d'un bon livre
- 1 prise de note rapide : ce que j'en retiens, ce que j'applique
- 1 passage à l'action : "je teste ça cette semaine dans ma gestion"

❗ Pas de surconsommation d'infos. Juste une routine régulière, claire et utile. L'essentiel est de choisir un contenu que tu peux comprendre facilement et appliquer rapidement.

Ce que ça t'apporte :

- Une nouvelle façon de penser et de décider
- Plus de confiance dans tes choix
- Moins de peur face à l'inconnu (épargne, bourse, fiscalité…)

À RETENIR :

- Tu n'as pas besoin de tout savoir. Tu as besoin de progresser un peu chaque mois.
- Ce que tu apprends, tu peux le transmettre. Tu deviens acteur, pas spectateur.
- L'éducation financière, c'est pour toute la vie… mais ça commence maintenant.

Action immédiate

1. Choisis un créneau dans la semaine pour "ta dose d'éducation financière"
2. Commence par 1 contenu cette semaine (livre, podcast ou vidéo)
3. Note une action concrète que tu vas en tirer

Ces 7 habitudes sont simples… mais elles font toute la différence.

Ce n'est pas leur complexité qui transforme une vie financière. C'est leur constance.

Partie 3 – Premiers pas vers l'investissement

Tu as commencé à épargner, tu as posé des bases solides, tu reprends le contrôle.

C'est le bon moment pour regarder vers la prochaine étape : faire travailler ton argent.

Bienvenue dans le monde de l'investissement.

Mais pas de panique : ici, on ne va pas parler de bourse compliquée, de cryptos risquées ou de vocabulaire de trader.

On va simplement te donner les premières clés pour comprendre, éviter les pièges, et oser te lancer… un pas après l'autre.

Épargne vs Investissement : fais la différence

- L'épargne, c'est ton coussin de sécurité. Elle te protège, elle est stable, disponible.
- L'investissement, c'est un moteur. Il te fait avancer, mais il implique du temps et du risque.

On n'investit pas son épargne de sécurité.

On n'investit que ce qu'on peut laisser travailler plusieurs mois ou années sans paniquer.

L'effet boule de neige : ton meilleur allié

Si tu investis 100€, que tu gagnes 5€, et que tu réinvestis les 105€, puis que tu continues chaque mois…

…au bout de quelques années, ta boule grossit toute seule.

C'est ça, les intérêts composés.

Et plus tu commences tôt, plus tu leur laisses le temps de travailler pour toi.

Comment commencer simplement ?

Tu n'as pas besoin de 1000€ ni d'un conseiller privé.

Tu peux investir avec :

- Un livret à rendement boosté (pour démarrer)
- Un plan épargne entreprise (si tu es salarié)
- Une assurance-vie avec des fonds à gestion tranquille
- Un PEA ou CTO pour acheter un ETF (fonds qui répliquent un indice)
- Une SCPI pour toucher des loyers sans gérer d'immeuble

💡 Même 50€/mois peuvent t'ouvrir la porte du monde des investisseurs.

3 erreurs à éviter dès le début

1. Investir sans avoir d'épargne de secours
2. Mettre tout sur une seule option "à la mode"
3. Attendre de tout comprendre avant d'agir (tu n'agiras jamais)

À RETENIR :

- L'investissement est un outil de construction long terme
- Il est accessible à tous, si tu avances avec méthode
- Il vaut mieux commencer petit que rester figé

Action immédiate

1. Réserve un peu de ton budget du mois pour démarrer (même 20€)
2. Informe-toi sur un seul type d'investissement cette semaine (ETF ? SCPI ? Assurance-vie ?)
3. Ouvre un support d'investissement simple si ce n'est pas encore fait

Conclusion

Tu viens de lire un guide pratique. Pas une théorie. Pas une belle histoire. Un outil.

Un condensé de ce que tu peux faire – pas juste savoir.

Tu as désormais entre les mains :

- Des bases claires
- 7 habitudes puissantes
- Une première ouverture vers l'investissement
- Des outils concrets pour t'y mettre maintenant

Mais il reste une chose essentielle :

Rien ne changera si tu ne passes pas à l'action.

Tu n'as pas besoin d'être parfait.

Tu n'as pas besoin de tout appliquer d'un coup.

Tu as juste besoin de commencer.

Commencer à suivre tes flux.

Commencer à épargner.

Commencer à réfléchir différemment à ton argent.

Commencer à choisir où tu veux aller.

Et si tu tombes en route ? Tu reprendras. Parce que ce guide n'est pas là pour te juger. Il est là pour t'accompagner.

Alors prends une page. Un outil. Une habitude. Et fais-la tienne.

C'est maintenant que tu reprends le contrôle.

À propos de l'auteur

Jean-Christophe BOULANGÉ est le fondateur de KoV Capital, une structure indépendante dédiée à l'éducation financière et à la création d'opportunités économiques accessibles.

Investisseur autodidacte, passionné de développement personnel, il s'est donné pour mission d'aider chacun à reprendre le contrôle de sa vie financière, pas à pas, sans jargon ni promesses irréalistes.

À travers ce premier guide, il souhaite partager une approche simple, structurée et applicable par tous, pour permettre à chacun de mieux comprendre l'argent, d'épargner efficacement, et d'investir avec bon sens.

Jean-Christophe se positionne comme un vulgarisateur engagé : il explore des domaines économiques porteurs, simplifie l'essentiel, et transmet ce qui peut aider concrètement. Cette démarche s'inscrit dans une logique d'apprentissage permanent, utile aussi bien à ses lecteurs qu'à lui-même.

Ce guide est né d'une conviction forte : les bonnes habitudes financières changent des vies.

Et parfois, il suffit d'un petit déclic pour amorcer un grand changement.

Contact : contact.kovcapital@gmail.com

Sources d'inspiration

Ce guide a été nourri par de nombreuses lectures, expériences et observations personnelles.

Parmi mes sources d'inspiration principales figurent *L'Homme le plus riche de Babylone* de George S. Clason et *Père riche, père pauvre* de Robert T. Kiyosaki, ainsi que mes propres recherches sur les méthodes budgétaires et les mécanismes financiers.

Chacun, à sa manière, a contribué à éclairer ma réflexion, à poser des repères simples et concrets, et à les inscrire dans une logique accessible à tous.

Ce guide reste une *synthèse personnelle*, conçue pour être *directement applicable à la réalité quotidienne* de chacun.

www.ingramcontent.com/pod-product-compliance
Lightning Source LLC
La Vergne TN
LVHW022326200926
848481LV00004B/1448
* 9 7 9 1 0 9 7 7 5 3 5 1 1 *